2. Auflage 2021
© Verlag Herder GmbH, Freiburg im Breisgau 2020
Alle Rechte vorbehalten
www.herder.de

Gesamtgestaltung: Veronika Preisler, München
Druck: Print Best, Viljandi
Gedruckt auf umweltfreundlichem, chlorfrei gebleichtem Papier
Printed in Estland

ISBN 978-3-451-71508-2

Susanne Niemeyer

Die Weihnachtsgeschichte

Mit Illustrationen
von Nina Hammerle

HERDER

FREIBURG · BASEL · WIEN

Morgens schaut Gott als Erstes auf die Erde. Mittags auch.
Und abends sowieso. Gott mag die Menschen. Er mag es,
wenn sie lachen und lieben und miteinander Kekse teilen. Er
will, dass sie glücklich sind. Aber es gibt Menschen, die haben
Angst vor Gott. Weil er so groß ist. Weil er alles weiß. Weil er
stärker als hundert Bären ist.
Niemand soll Angst haben, findet Gott. Und dann hat er eine
Idee: „Ich komme einfach auf die Welt und zeige ihnen,
wie ich wirklich bin. Nämlich ganz anders."

Maria hat gerade ihr Frühstück beendet, als jemand im Raum steht. Er sieht aus wie ein Engel. Zwar hat Maria noch nie einen Engel gesehen, trotzdem ist sie sich ganz sicher. Vielleicht, weil es plötzlich heller ist.

„Maria", sagt der Engel, „stell dir vor: Du wirst ein Kind zur Welt bringen."

Maria erschrickt. Sie ist ja noch jung. „Ein Kind", fragt sie, „wie soll das gehen?"

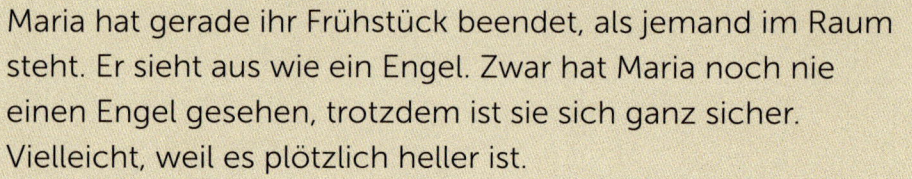

Der Engel sieht sehr zuversichtlich aus.
„Hab keine Angst. Dieses Kind ist ein besonderes Kind.
Es kommt von Gott, und es wird alle Menschen lieben."
„Alle Menschen?", fragt Maria und findet das schwierig.
Schließlich gibt es auch böse Menschen.
„Für Gott ist alles möglich", antwortet der Engel.
Da staunt Maria und fängt an, sich zu freuen.

Als Josef von dem Kind erfährt, arbeitet er gerade an einer Tischplatte. Er lässt den Hobel sinken. Was für eine sonderbare Geschichte! Josef liebt Maria, aber jetzt weiß er nicht mehr, was er denken soll. Ein Engel! Ein Kind von Gott! Liebe für alle! Das klingt merkwürdig. Wer glaubt denn so was?

Maria und er wollen eines Tages heiraten, aber eigentlich hat das noch Zeit. Er schüttelt den Kopf. Nein, er will das Kind nicht. Seine Zukunft hat er sich anders vorgestellt.

In der Nacht träumt Josef. Im Traum sieht auch er einen Engel. Der Engel boxt Josef in die Seite.

„Aua", sagt Josef.

„Bleib bei Maria", sagt der Engel. „Ihr Kind ist von Gott."

Die Monate vergehen. Marias Bauch wird immer
runder. Josef baut ein Bettchen für das Kind. Und eine
Rassel hat er auch geschnitzt.
Doch plötzlich heißt es: Der Kaiser hat einen Befehl erlassen.
Alle Menschen müssen in ihren Geburtsort gehen und sich in
Steuerlisten eintragen. Die Leute murren. Dieser Kaiser führt
sich auf wie Gott höchstpersönlich. Dauernd befiehlt er Dinge,
die man befolgen muss. Egal, ob sie einem gefallen oder nicht.
Aber was soll man dagegen tun?
Maria und Josef packen ihre Sachen
und holen den Esel aus dem Stall.
Sie werden nach Bethlehem gehen.
Seufzend brechen sie auf.

Unterwegs zu sein ist anstrengend. Besonders, wenn man
schwanger ist. Maria tut der Rücken weh. Dauernd boxt das
Baby gegen ihren Bauch. Wahrscheinlich wird es ihm langsam
zu eng da drin. In Marias Kopf sind tausend Fragen: Wie wird das
Kind von Gott wohl aussehen? Wie ein König? Wird es trotzdem
schreien wie alle Babys? Wird sie es trösten können? Und wird
es an ihrer Brust trinken? Bei diesem Gedanken bekommt Maria
eine Gänsehaut, weil sie ihn so schön findet. Sie lächelt. Und
weil sie lächelt, lächelt Josef auch.

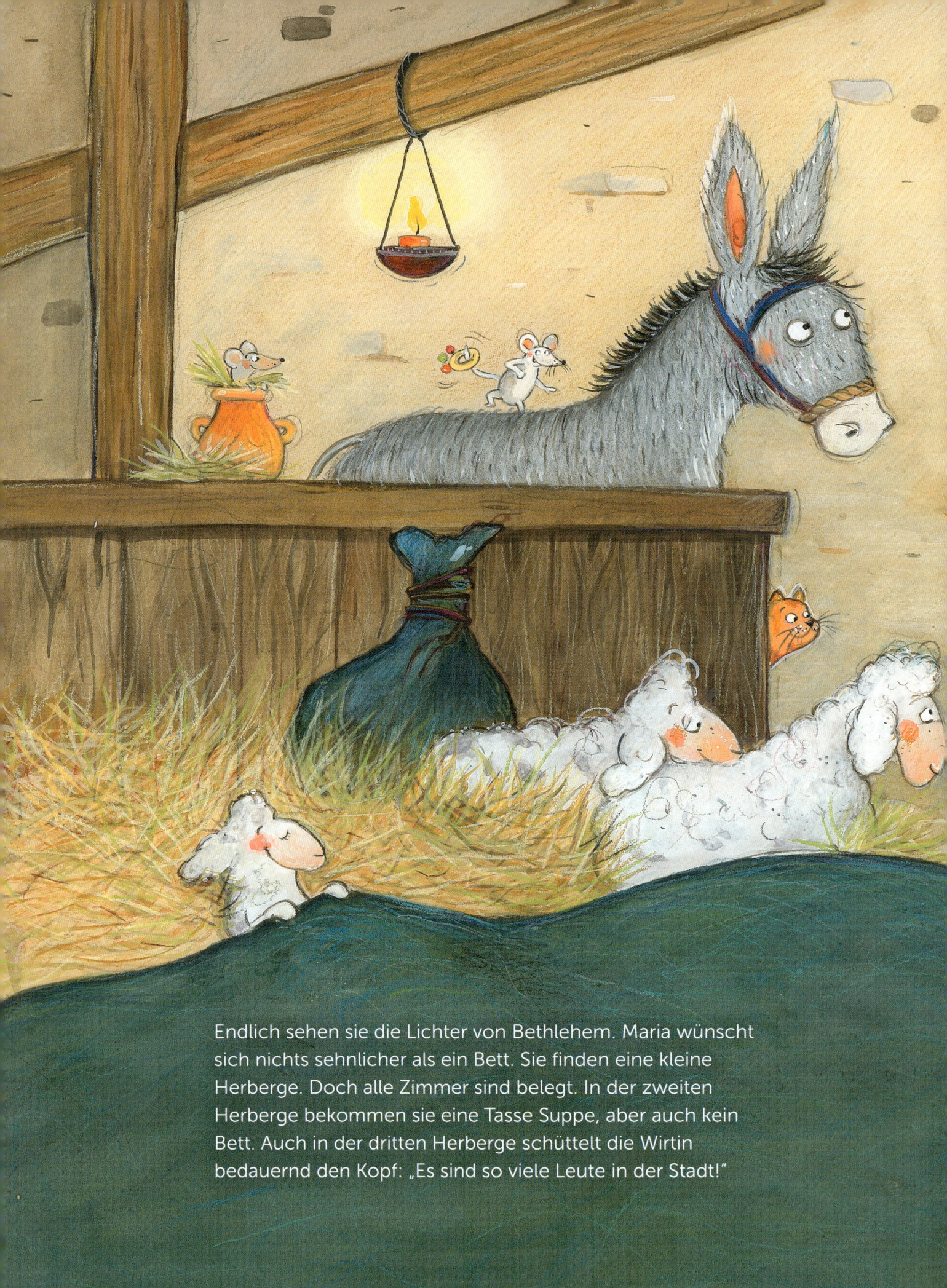

Endlich sehen sie die Lichter von Bethlehem. Maria wünscht
sich nichts sehnlicher als ein Bett. Sie finden eine kleine
Herberge. Doch alle Zimmer sind belegt. In der zweiten
Herberge bekommen sie eine Tasse Suppe, aber auch kein
Bett. Auch in der dritten Herberge schüttelt die Wirtin
bedauernd den Kopf: „Es sind so viele Leute in der Stadt!"

Mehr Herbergen gibt es nicht.
Josef ist verzweifelt: „Wo sollen wir denn hin?
Unser Kind kann jeden Moment kommen!"
Die Wirtin überlegt. „Im Stall ist noch Platz. Ich kann
euch ein Lager im Stroh machen. Das könnte gehen."
Was bleibt ihnen übrig? Josef breitet die Decken aus und
hilft Maria, sich hinzulegen. Der Atem der Tiere wärmt sie,
und durch die Ritzen der Wände scheinen die Sterne.
Wie hell sie leuchten in dieser Nacht!

Draußen auf den Feldern geschieht etwas.
Die Schafe sind unruhiger als sonst. Die Hirten
sind wacher. Und selbst der Wolf vergisst, dass
er ein Lamm stehlen wollte. Etwas liegt in der Luft.
„Hört ihr das?", fragt ein Hirte. Die anderen schütteln
den Kopf.
Aber dann hören sie es doch, und plötzlich hören es alle.
Ein Wispern, ein Singen: „Freut euch! Heute ist ein neuer
König geboren. Er macht hell, was dunkel ist. Arme werden
reich sein, und was klein ist, wird groß. Lauft und seht:
Ihr findet das Kind im Stall!"

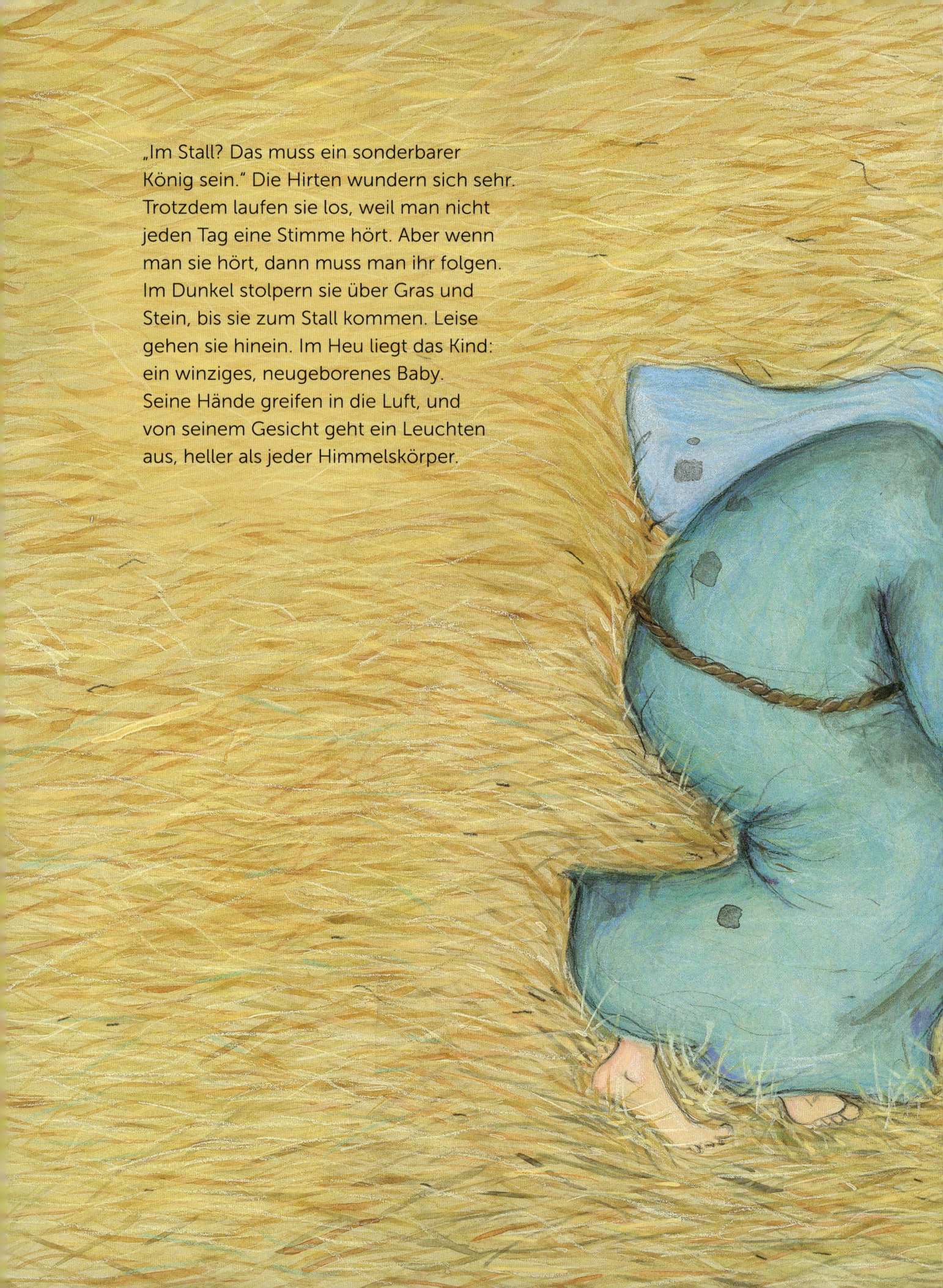

„Im Stall? Das muss ein sonderbarer
König sein." Die Hirten wundern sich sehr.
Trotzdem laufen sie los, weil man nicht
jeden Tag eine Stimme hört. Aber wenn
man sie hört, dann muss man ihr folgen.
Im Dunkel stolpern sie über Gras und
Stein, bis sie zum Stall kommen. Leise
gehen sie hinein. Im Heu liegt das Kind:
ein winziges, neugeborenes Baby.
Seine Hände greifen in die Luft, und
von seinem Gesicht geht ein Leuchten
aus, heller als jeder Himmelskörper.

Maria lächelt. Josef lächelt. Selbst der grimmigste Hirte lächelt plötzlich. Alle lächeln, sobald sie das Baby ansehen. Man muss es einfach liebhaben. Die Hirten knien sich vor die Krippe. Einer legt ein Lammfell hinein.

Eine Frau holt Brot und Milch aus ihrem Beutel und
gibt sie Maria. „Damit du zu Kräften kommst."
Ein anderer verscheucht die Fliegen.
Alle wollen das Kleine beschützen. Es kann ja nichts,
außer da sein. Das aber macht es sehr gut.

Im Königspalast, weit weg von dem kleinen Stall, lächelt niemand. Der König läuft unruhig hin und her. Eine zornige Falte steht auf seiner Stirn. Er redet mit fremden Männern, Weise sollen sie sein. Sie kommen von weit her. Ihre Kleider sehen fremd aus. Einer hat eine dunkle Haut.
„Ein neugeborener König, sagt ihr? Hier?"
Die Männer nicken: „Wir haben seinen Stern gesehen und wollen ihm Geschenke bringen."
Der König hätte die Geschenke gern selber, und von einem neugeborenen Kind weiß er nichts. Es gefällt ihm auch nicht. Er setzt ein falsches Lächeln auf.
„Sagt, wenn ihr das Kind gefunden habt. Damit auch ich es begrüßen kann."
Die Weisen nicken, aber insgeheim denken sie:
„Besser nicht."

„Das muss wirklich ein besonderes Kind sein", denken die weisen
Männer. „Man könnte direkt meinen, der König fürchtet es."
Da sehen sie den Stern. Er steht direkt über einem Stall. Sie haben
mit einem Palast gerechnet, aber sie gehen trotzdem hinein.
Marias und Josefs Sprache sprechen sie kaum. Aber sie lächeln.
Vor der Krippe knien sie sich hin und sehen in das Gesicht des
Kleinen. Seine Augen sind geschlossen. Die Lider sind so zart!
Einer streichelt die weiche Wange.
„Wo so ein Kind ist", flüstert er, „da muss Frieden sein."
Und das ist wirklich sehr weise.

Dann legen die Besucher ihre Geschenke unter die Krippe:
Gold. Das ist das Wertvollste, das sie haben. Und Myrrhe.
Myrrhe kann Wunden heilen. Und Weihrauch, weil Weihrauch
duftet wie Gott – jedenfalls stellen die Männer sich das so vor.
Und dieses Kind gehört zu Gott. Allen ist sehr feierlich zumute.
Selbst die Schafe hören einen Moment auf zu blöken.
Einer der Männer dreht sich zu Maria und Josef um.
„Wie heißt das Kind eigentlich?"
„Jesus", antwortet Josef. „Es bedeutet ‚Gott rettet'."
Und das klingt wie ein Versprechen.